RUDIMENTS DE LA LANGUE FRANÇAISE.

GRAMMAIRE
DES
ENFANTS,

A l'usage des Ecoles primaires des deux sexes,

PAR

FRANÇOIS GIRARD,

INSTITUTEUR PUBLIC.

Chez l'enfant, cultivez la *mémoire* : plus tard, quand le soleil de l'*intelligence* aura pris force, il fera germer, croître et produire la semence que vous y aurez déposée. Se borner à des leçons orales pour enseigner l'enfance, c'est semer à la *volée* dans une terre qui n'est pas préparée: les trois quarts de la semence ne lèvent pas.

SAINT-MAIXENT,
IMPRIMERIE DE REVERSÉ, ÉDITEUR.

1862

Chaque exemplaire de la grammaire des enfants porte la signature de l'auteur ou de l'éditeur.

Les contrefacteurs ou débitants de contrefaçons de cet ouvrage seront poursuivis selon la loi.

PRÉFACE.

Ainsi que l'indique le titre, ce petit ouvrage, rédigé spécialement pour les jeunes enfants à qui l'on veut commencer à apprendre le *français*, ne contient que la *substance* de la Grammaire. C'est, on pourrait dire, la Grammaire réduite à sa plus simple expression, c'est-à-dire une Grammaire dégagée de cette foule de remarques et d'exceptions qui en font ordinairement, pour *les enfants,* un livre on ne peut plus confus, on ne peut plus rebutant.

Une nomenclature et une classification les plus généralement adoptées ; — une excellente division des leçons et de courtes leçons ; — une disposition nouvelle et avantageuse de la matière, sous le rapport typographique ; — des définitions concises, précises et par conséquent claires ; — les règles indispensables de l'orthographe et les exceptions à ces règles formulées en une vingtaine d'alinéas ; — *un nouveau genre de récapitulation des leçons :* — tels sont les principaux caractères et les qualités qui font de la nouvelle Grammaire (1), un petit livre précieux pour les Maîtres qui suivent, à l'égard de l'enfance, la méthode *catéchistique.*

---

(1) Vu la disposition de la matière, *la Grammaire des Enfants* convient également aux Maîtres qui, à tort, préfèrent, pour les jeunes enfants, les ouvrages qui ne sont pas par demandes et par réponses.

Voici en quoi consiste cette méthode : Assigner une leçon à apprendre par cœur, dans un ouvrage disposé par demandes et par réponses, — la faire réciter au temps dit, en donnant certaines petites explications de nature à fixer dans la mémoire de l'enfant ce qu'il vient de réciter (1).

La méthode catéchistique, la seule qui convienne au jeune âge, doit être abandonnée pour un âge plus avancé, lorsque l'intelligence du *sujet* est arrivée à un certain degré de développement.

Après cette petite Grammaire, nous conseillons de mettre entre les mains des élèves la *Lexicologie*, excellent cours de français, par M. *P. Larousse.*

---

(1) Ne cherchons pas, dès le principe, à faire appliquer sur des exercices les règles apprises : ce serait trop demander à une intelligence qui n'est pour ainsi dire encore, chez le jeune enfant, qu'à l'état d'*embryon*. Contentons-nous de nous adresser, jusqu'à un certain âge, à la faculté qui se développe en *lui* la première, c'est-à-dire à la *mémoire*.

GRAMMAIRE DES ENFANTS

NOTIONS PRÉLIMINAIRES.

Première Leçon.

Qu'est-ce qu'on apprend dans la grammaire?	1. — Dans la *Grammaire*, on apprend à distinguer les différentes sortes de *mots*; on y apprend aussi les règles de *l'orthographe*.
De quoi sont composés les mots?	2. — Les *mots* sont composés de *lettres*, et les lettres dans les mots forment des *syllabes*.
Qu'appelle-t-on syllabe?	3. — On appelle *syllabe*, une ou plusieurs lettres qui se prononcent *à la fois*. Il y a des mots d'une *seule* syllabe (*moi, dans, vous*); il y a des mots de *deux* syllabes (*li vre, plu me*); il y a des mots de *trois* syllabes et *plus* (*vé ri té, é co le, ca ma ra de*).
Combien y a-t-il de lettres en tout?	4. — Il y a en tout *vingt-cinq* lettres, qui se divisent en *voyelles* et en *consonnes*.

Deuxième Leçon.

Combien y a-t-il de voyelles?	5. — Il y a *six* voyelles, savoir : **a**, **e**, **i**, **o**, **u**, **y** (grec).

RÉCAPITULATION PAR QUESTIONS INVERSES.

NOTA. — On fera bien de s'abstenir de faire les questions inverses à la première vue de la grammaire; on commencera au repassé, pour s'assurer si l'élève comprend.

Comment s'appelle le livre où l'on apprend à distinguer les dix sortes de mots, où l'on apprend les règles de l'orthographe? (1).
À quoi servent les lettres? (2).
Combien de syllabes dans le mot *colère*? dans le mot *écritoire*? dans le mot *bras*, etc? (3).
Combien font de lettres en toutes voyelles et les consonnes? (4).
Est-ce que les lettres *a*, *i*, *o*, *u* sont des consonnes ou des voyelles? (5).

— 6 —

<small>Combien y a-t-il de consonnes?</small>

6. — Il y a *dix-neuf* consonnes, savoir : **b, c, d, f, g, h, j, k, l, m, n, p, q, r, s, t, v, x, z.**

<small>Combien y a-t-il de sortes d'e?</small>

7. — Il y a *trois* sortes d'e, savoir : l'*e muet*, comme dans mond*e* ; l'*é fermé*, comme dans caf*é* ; l'*è ouvert*, comme dans succ*ès*, t*ê*te.

<small>Qu'y a-t-il à remarquer sur la voyelle y ?</small>

8. — **Y** (grec), s'emploie quelquefois pour *deux i*, comme dans pa*y*s, mo*y*en, jo*y*eux, qu'on prononce comme s'il y avait pa*ï*-is, mo*ï*-ien, jo*ï*-ieux.

<small>Qu'y a-t-il à remarquer sur la consonne h ?</small>

9. — La consonne **h** n'a généralement aucune *valeur* dans la prononciation ; on lit le mot comme si elle n'y était pas ; c'est pourquoi on l'appelle *h muette* ou *nulle*.

EXEMPLES :

Homme, r**h**ume, **h**éros, qu'on prononce comme si l'**h** n'y était pas : omme, rume, éros.

Troisième Leçon.

<small>Qu'est-ce que l'orthographe?</small>

10. — L'**orthographe** est l'art d'écrire *correctement* les mots sous le double rapport de l'emploi des lettres et de certains signes, appelés *signes orthographiques*.

<small>Quels sont les signes orthographiques ?</small>

11. — Les *signes orthographiques* sont les *accents*, l'*apostrophe*, la *cédille*, le *tréma* et le *trait d'union*.

<small>Combien y a-t-il de sortes d'accents ?</small>

12. — Il y a *trois* sortes d'accents : l'accent *aigu*, l'accent *grave* et l'accent *circonflexe*.

<small>Qu'est-ce que l'accent aigu ?</small>

13. — L'accent *aigu* (´) est un signe qui se fait de droite à gauche et qui se place

---

Est-ce que les lettres *b*, *p*, *f*, *t* sont des voyelles ou des consonnes ? (6).
Qu'y a-t-il à remarquer sur la voyelle *y* dans les mots : *crayon*, *noyau*, etc. ? (8).
Quelle est la lettre qu'on appelle muette ou nulle ? (9).
Pourquoi l'appelle-t-on ainsi ? (9).

Comment se nomme l'art d'écrire correctement les mots ? (10).
Comment sont appelés les accents, l'apostrophe, la cédille,... ? (11).
Comment se fait l'accent aigu, et sur quelle lettre se met-il ? (13).

au-dessus de la plupart des *é fermés*, comme dans *vérité*, *bonté*.

<small>Qu'est-ce que l'accent grave ?</small>

14. — L'accent *grave* (`), qui se fait de gauche à droite, se place au-dessus de la plupart des *è ouverts*, comme dans *flèche*, *fidèle*.

<small>Qu'est-ce que l'accent circonflexe ?</small>

15. — L'accent *circonflexe* (^), qui est la réunion des deux autres accents, se place au-dessus de la plupart des voyelles *longues*, comme dans *âge*, *fête*, *apôtre*, *flûte*.

Quatrième Leçon.

<small>Qu'est-ce que l'apostrophe ?</small>

16. — L'*apostrophe* (') est un signe qui s'emploie pour marquer le *retranchement* d'une des trois lettres **a**, **e**, **i**.

EXEMPLES :
L'enfant, pour le enfant.
L'armoire, pour la armoire.
S'il vient, pour si il vient.
Puisqu'elle, pour puisque elle.

<small>Qu'est-ce que la cédille ?</small>

17. — La *cédille* (₅) se place au-dessous du **c**, pour marquer lorsque cette consonne doit se prononcer **s**, devant l'une des voyelles **a**, **o**, **u**, comme dans il *plaça*, *maçon*, je *reçus*.

<small>Qu'est-ce que le tréma ?</small>

18. — Le *tréma* (¨) est un double point qui se met sur une voyelle, pour la faire prononcer *séparément* de la voyelle qui précède, comme dans *Héloïse*, *Saül*, *ciguë*.

<small>Qu'est-ce que le trait-d'union ?</small>

19. — Le *trait d'union* (-) se place entre deux ou plusieurs mots, ordinaire-

---

Comment se fait l'accent grave, et sur quelle lettre se met-il ? (14).
Comment se fait l'accent circonflexe, et sur quelle lettre se met-il ? (15).
Comment s'appelle le signe qui marque le retranchement de l'une des trois lettres *a*, *e*, *i* ? (16).
Comment s'appelle le signe qui se place au-dessous du *c*, dans certains cas ? (17).
Comment s'appellent les deux points qu'on met sur une voyelle pour indiquer qu'elle doit se prononcer séparément de la voyelle qui vient auparavant ? (18).
Comment se nomme le petit trait qu'on met dans certains cas entre deux ou plusieurs mots ? (19).

— 8 —

ment pour marquer la *liaison* de ces mots entre eux.

EXEMPLES :

Taisez-vous, laissez-le-moi, quatre-vingt-dix, chef-d'œuvre, arc-en-ciel.

Cinquième Leçon.

D'où proviennent surtout les difficultés de l'orthographe?

20. — Les *difficultés* de l'orthographe ne proviennent pas uniquement de l'emploi des *signes orthographiques*, elles proviennent surtout : 1° des lettres *nulles*, 2° des lettres *qui n'ont pas toujours la même valeur*, 3° des voyelles et des consonnes *qui se représentent autrement*.

Qu'appelle-t-on lettres nulles?

21. — On appelle lettres *nulles*, ces lettres qui, figurant dans les mots, n'y ont aucune *valeur*, de sorte que le mot se lit ou se prononce comme si elles n'y étaient pas.

EXEMPLES :

Habi**t**, *p*eintre, *b*lon**ds**, qu'on lit ou prononce comme s'il y avait *abi* (sans l'*h* et le *t*), *pintre* (sans l'*e* muet), *blon* (sans le *d* et les *s*).

Quelles sont les lettres qui, dans certains cas, changent de valeur?

22. — Les lettres qui, dans certains cas, *changent de valeur*, sont **e**, **g**, **c**, **s**, **t**, **x**, et le son **en**.

Quelles sont les voyelles et les consonnes qui, dans certains cas, se représentent autrement?

23. — Les voyelles et les consonnes qui, dans certains cas, *se représentent autrement*, sont **è**, **ê**, **ô**, **an**, **eu**, **c**, **f**.

Sixième Leçon.

Citez des exemples sur les lettres qui changent de valeur.

24. — e (sans accent) prend la valeur de é, comme dans *parler*, *chanter*, *pied*.

e (sans accent) prend la valeur de è, comme dans *veste*, *gilet*, *belle*, *complexe*.

Comment s'appellent les lettres qui ne se prononcent pas dans les mots ? (21).
Comment se prononce le *g* (gue) quelquefois ? Devant quelles lettres ? (24).
Les mêmes questions pour chacune des autres lettres du n° 22.

— 9 —

g prend la valeur de **j**, devant les voyelles e, é, i, comme dans gé*n*é*ral*, *rou*g*ir*, *bour*g*eois*, *sa*g*e*.

c prend la valeur de **s**, devant les voyelles e, é, i, comme dans *poli*c*e*, *dur*c*ir*, c*einture*, *ac*c*ident*.

s prend la valeur de **z**, entre deux voyelles, comme dans *pri*s*on*, *ru*s*é*, *fu*s*eau*.

t prend la valeur de **s**, avant i, comme dans *puni*t*ion*, *iner*t*ie*, *na*t*ional*, *par*t*iel*.

x se prononce quelquefois **gz**, comme dans *e*x*aminer*, *e*x*aucer*.

en prend la valeur de **in**, comme dans *mi*en, *com*b*ien*, *vend*é*en*.

25. — è s'écrit par **ei** (1) comme dans *p*ei*ne*, *bal*ei*ne*, *v*ei*ne*.

è s'écrit par **ai**, comme dans *p*ai*re*, *m*ai*re*, *je fer*ai*s*.

ô s'écrit par **au**, comme dans *t*au*pe*, *v*au*tour*, *cham*eau.

an s'écrit par **en**, comme dans *v*en*tre*, *pr*en*dre*, *ent*en*dre*.

eu s'écrit par **œu**, comme dans *v*œu, *b*œu*f*, œu*vre*.

c s'écrit par **qu** ou par **q** (cu), comme dans qu*atre*, *pi*qû*re*, et quelquefois par **k** (ca), comme dans k*ilogramme*, *mo*k*a*.

f s'écrit par **ph**, comme dans *épita*ph*e*, *So*ph*ie*.

(1) L'élève, en récitant, prononcera séparément les deux lettres : e i, a i, a u, etc.

Septième Leçon.

Qu'est-ce que le dictionnaire ?

26. — Le *dictionnaire* est un livre où sont *écrits*, les uns à la suite des autres, tous les mots employés dans le *discours*. Il y a en regard de chaque mot sa *signification*.

Comment se prononce *ci* (e, i) ? (25). (Les mêmes questions relativement aux autres sons et consonnes du n° 23.

Comment se nomme le livre où sont écrits les uns à la suite des autres tous les mots de la langue, avec leur signification ? (26).

2. Citez des exemples sur les voyelles et les consonnes qui se représentent autrement ?

— 10 —

Combien y a-t-il de sortes de mots?	27. — Il y a *dix* sortes de mots, savoir : des **noms**, des **articles**, des **adjectifs**, des **pronoms**, des **verbes**, des **participes**, des **adverbes**, des **prépositions**, des **conjonctions**, des **interjections**.
Qu'appelle-t-on mots variables?	28. — On appelle mots *variables*, ceux qui ne s'écrivent pas toujours de la même manière, qui varient à la terminaison (c'est-à-dire à la fin du mot).
Qu'appelle-t-on mots invariables?	29. — On appelle mots *invariables* ceux qui s'écrivent toujours de la même manière.
Quelles sont les *six* espèces de mots variables?	30. — Les *six* espèces de mots *variables* sont le *nom*, l'*article*, l'*adjectif*, le *pronom*, le *verbe* et le *participe*.
Quelles sont les *quatre* espèces de mots invariables?	31. — Les *quatre* espèces de mots *invariables* sont l'*adverbe*, la *préposition*, la *conjonction* et l'*interjection*.

LE NOM.

Huitième Leçon.

Qu'est-ce que le nom?	32. — Le **nom** est un mot qui désigne une *personne*, un *animal* ou une *chose*.

EXEMPLES :
Gustave, Pauline, cheval, maison, bonheur, Paris, Marseille, France.

Combien y a-t-il de sortes de noms?	33. — Il y a *deux* sortes de noms : le nom *commun* et le nom *propre*.

Nommez les dix espèces de mots? (27).
Comment s'appellent les espèces de mots qui ne s'écrivent pas toujours de la même manière ? (28).
Comment s'appellent les espèces de mots qui s'écrivent toujours de la même manière, qui ne changent pas? (29).
Combien y a-t-il d'espèces de mots variables? (30).
Combien d'espèces de mots invariables? (31).
L'adjectif est-il un mot invariable? etc.
L'adverbe est-il un mot variable ? etc.
Comment se nomment les mots qui désignent des personnes, des animaux ou des choses? (32).

Qu'est-ce que le nom commun?	**34.** — Le nom *commun* est celui qui convient à toutes les *personnes*, à tous les *animaux* ou à toutes les *choses* de la même espèce.
	EXEMPLES : Homme, femme, mouton, livre, maladie.
Qu'est-ce que le nom propre?	**35.** — Le nom *propre*, au contraire, est donné à une *personne* ou à une *chose*, pour la *distinguer* des autres personnes ou des autres choses de la même espèce.
	EXEMPLES : Julie, Emile, Asie, Turquie, la Loire.
Première règle d'orthographe.	**36.** — Le *premier* mot de chaque phrase commence par une lettre *majuscule*.
Deuxième règle.	**37.** — Tout nom *propre* commence par une *majuscule*.
	EXEMPLES : Renaud, Montesquieu, Adèle, Amérique, Espagne, Bordeaux, Lyon, Garonne, Alpes.

Neuvième Leçon.

Combien y a-t-il de choses à considérer dans le nom?	**38.** — Il y a, dans le nom, *deux* choses à considérer : le *genre* et le *nombre*.
Combien y a-t-il de genres?	**39.** — Il y a *deux* genres : le *masculin* et le *féminin*. Ainsi, un *nom* est du *masculin* ou du *féminin*.

Comment s'appelle le nom qui convient à toutes les personnes, à tous les animaux ou à toutes les choses de la même espèce ? (34).
Comment s'appelle le nom qui ne convient pas à toutes les personnes ou à toutes les choses de la même espèce? (35).
Qu'y a-t-il à remarquer, relativement à la 1re lettre du 1er mot d'une phrase? (36).
Qu'y a-t-il à remarquer, relativement à la 1re lettre de tous les noms propres ? (37).

A quoi reconnait-on qu'un nom est du masculin?	40. — Un *nom* est du *masculin*, si l'on peut dire **le** ou **un** avec ce nom.
EXEMPLE :
Tableau est du *masculin*, car on peut dire **le** *tableau*, **un** *tableau*.
A quoi reconnait-on qu'un nom est du féminin?	41. — Un *nom* est du *féminin*, si l'on peut dire **la** ou **une** avec ce nom.
EXEMPLE :
Table est du *féminin*, car on peut dire **la** *table*, **une** *table*.
Citez quelques noms très-usuels sur le genre desquels on se trompe assez communément.	42. — **Amadou** (1), nom masculin : — *De l'amadou bien sec.*
Atmosphère, nom féminin : — *Une atmosphère froide, glacée.*
Dinde, nom féminin : — *Ma grosse dinde.*
Encre, nom féminin : — *Cette encre est grasse.*
Evangile, nom masculin : — *Le saint évangile.*
Exemple, nom masculin : — *Un exemple frappant.*
Horloge, nom féminin : — *Cette bonne horloge.*
Incendie, nom masculin : — *Un violent incendie.*
Image, nom féminin : — *Une belle image.*
Intervalle, nom masculin : — *Un long intervalle.*
Ivoire, nom masculin : — *L'ivoire est dur.*
Litre, nom masculin : — *Un litre de vin.*
Ordre, nom masculin : — *C'est un ordre nouveau.*
Offre, nom féminin : — *Une offre avantageuse.*
Orge, nom féminin : — *De l'orge bien mûre.*
Ouvrage, nom masculin : — *Un pénible ouvrage.*
Pleurs, nom masculin : — *Tous les pleurs qu'il a répandus.*
Paraphe, nom masculin : — *Un paraphe bien fait.*
Serpent, nom masculin : — *Un long serpent.*
Ténèbres, nom féminin : — *De profondes ténèbres.*

(1) Le *maître* dit le nom et l'*élève* finit la phrase.

De quel genre est le nom avec lequel on peut dire *le* ou *un* ? (40). | De quel genre est le nom avec lequel on peut dire *la* ou *une* ? (41).

Dixième Leçon.

Combien y a-t-il de nombres (en grammaire)?

43. — Il y a *deux* nombres (en grammaire) : le *singulier* (c'est-à-dire un), et le *pluriel* (c'est-à-dire *plus d'un* ou *plusieurs*). Ainsi un *nom* du masculin ou du féminin est employé au *singulier* ou au *pluriel*.

Quand un nom est-il au singulier?

44. — Un nom est au *singulier*, quand il désigne une *seule* personne ou une *seule* chose.

EXEMPLES :

La *robe*, mon *gilet*, sa *parole*, ton *chapeau*, votre *frère*.

Quand un nom est-il au pluriel?

45. — Un nom est au *pluriel*, quand il désigne *plus d'une* personne ou *plus d'une* chose, c'est-à-dire *plusieurs*.

EXEMPLES :

Les *robes*, trois *gilets*, ses *paroles*, tes *chapeaux*, vos *frères*.

Comment est marqué le pluriel dans les noms?

46. — Le *pluriel*, dans les noms, est marqué ordinairement par un **s** à la *fin*.

Troisième règle.

47. — Quand un *nom* est au *pluriel*, il prend ordinairement un **s** (nul) à la *fin*.

EXEMPLES :

Au sing. : une *personne*; au plur. : des *personnes* (avec un s à la fin).
Au sing. : ce *clou*; au plur., ces *clous* (avec un s à la fin).

Cette règle est-elle générale?

48. — Cette règle a des *exceptions*.

Quand un nom ne désigne qu'une seule personne ou une seule chose, on dit qu'il est.... ? (44).
Quand un nom désigne plusieurs personnes ou plusieurs choses, on dit qu'il est...? (45).

Que marque ordinairement le *s*, à la fin d'un nom? (46).
Tous les noms prennent-il un *s*, au pluriel (48).

2

Onzième Leçon.

49. — 1re EXCEPTION. Les *noms* terminés par **au** ou par **eu**, et *sept* de ceux qui sont terminés par **ou**, prennent un **x** (nul), au lieu d'un *s*, au *pluriel*.

EXEMPLES :

Au sing. : le *marteau* ; au plur. : les *marteaux* (avec un *x* à la fin).
Au sing. : un *cheveu* ; au plur. : des *cheveux* (avec un *x* à la fin).
Au sing. : mon *genou* ; au plur. : mes *genoux* (avec un *x* à la fin).

Quels sont les sept noms en ou qui prennent x au pluriel ?

50. — Les *sept* noms en *ou* qui prennent *x* au pluriel sont *bijou, caillou, chou, genou, hibou, joujou, pou*.

51. — 2me EXCEPTION. Les *noms* terminés au singulier par **s** ou par **x**, restent *tels* au pluriel, c'est-à-dire ne *changent* pas.

EXEMPLES :

Son *bras*, ses *bras* ; cette *perdrix*, ces *perdrix*.

52. — 3me EXCEPTION. Parmi les *noms* terminés par **al** ou par **ail**, il en est plusieurs dont le *pluriel* se forme par le changement de **al** ou **ail** en **aux**.

Citez des noms en al, puis des noms en ail qui font aux, au pluriel.

53. — *Caporal, général, hôpital, bocal, local, animal, cheval* ; on dit : des *caporaux*, des *généraux*, des *hôpitaux*, des *bocaux*, des *locaux*, des *animaux*, des *chevaux*. — *Travail, corail, soupirail, bail* ; on dit : des *travaux*, des *coraux*, des *soupiraux*, des *baux*.

Quelle lettre prennent au pluriel les noms terminés par *au*, par *eu* ou par *ou* ? (49).
Qu'y a-t-il à remarquer relativement aux noms qui sont terminés par un *s* ou un *x* au singulier ?
Tous les noms en *ou* prennent-ils un *x* au pluriel ? (49).

Citez des noms en *ou* qui prennent un *s*, au pluriel ?
Comment font au pluriel les noms terminés par *al*, comme *carnaval, cheval* ? (53, 54).
Comment font au pluriel les noms terminés par *ail*, comme *portail, travail* ? (53, 54).

54. — *Carnaval, bal, régal, chacal ;* on dit : *des carnavals, des bals, des régals, des chacals.* — *Portail, épouvantail, camail ;* on dit : *des portails, des épouvantails, des camails.*

L'ARTICLE.

Douzième Leçon.

Qu'est-ce que l'article ?

55. — L'**article** est un petit mot qui se met avant le *nom*, et qui en fait connaître le *genre* et le *nombre*.

Combien y a-t-il de sortes d'articles ?

56. — Il y a *deux* sortes d'*articles* : les articles *simples* et les articles *composés*.

Quels sont les articles simples ?

57. — Les articles *simples* sont **le, la, les** : *le* mascul. sing., *la* fém. sing., *les* masc. plur. *ou* fém. plur.

EXEMPLES :

Le se met avant les *noms* du masc. sing. : *le* père.

La se met avant les *noms* du fém. sing. : *la* mère.

Les se met avant les *noms* du masc. plur. ou du fém. plur. : *les* frères, *les* sœurs.

Quels sont les articles composés ?

58. — Les articles *composés* sont **du, des, au, aux** (avec un *x*) : *du* (pour de le) masc. sing., *des* (pour de les) plur. des deux genres, *au* (pour à le) masc. sing., *aux* (avec un *x*, pour à les) plur. des deux genres.

EXEMPLES :

Du livre, pour *de le* livre.
Des hommes, pour *de les* hommes.
Au roi, pour *à le* roi.
Aux reines, pour *à les* reines.

Comment se nomme le petit mot qui se met avant le nom, et qui en indique le genre et le nombre ? (55).
Comment s'appellent les articles *le, la, les* ? (57).
Comment s'appellent les autres articles ? (58).

Citez les articles composés ? (58).
Pourquoi *du* est-il appelé article composé ? etc.
De quel genre et quel nombre est l'article *le* ? etc.

Dans quel cas, les articles le, la, sont-ils dits élidés.

59. — Les articles simples *le, la* sont dits *élidés*, lorsque la voyelle *e* ou *a* y est supprimée et remplacée par une *apostrophe*, ce qui a lieu devant les mots qui commencent par une *voyelle* ou une *h muette* (ou nulle).

EXEMPLES :

*L'*homme, pour *le* homme.
*L'*histoire, pour *la* histoire.

L'ADJECTIF.

Treizième Leçon.

Qu'est-ce que l'adjectif?

60. — **L'adjectif** est un mot qui se met avant ou après le *nom*, pour en marquer certaine *qualité* ou pour le *déterminer*.

EXEMPLES :

Bon père, livre *instructif*, *mon* canif, *cette* ville.

En combien de classes se divisent les adjectifs?

61. — Les adjectifs se divisent en *deux* grandes classes : les adjectifs **qualificatifs** et les adjectifs **déterminatifs.**

Qu'est-ce que les adjectifs qualificatifs?

62. — Les adjectifs *qualificatifs* sont ceux qui expriment des *qualités*, tels que *poli, agréable, studieux, méchant, petit.*

Qu'est-ce que les adjectifs déterminatifs?

63. — Les adjectifs *déterminatifs* déterminent le nom, en y ajoutant une certaine *idée*, tels que *mon, ton, cette, aucun.*

Quand la voyelle *e* est supprimée dans l'article *le*, comment est nommé cet article ? (59).
Devant quels mots sont élidés les articles *le* et *la* ? (59).
Comment se nomme le mot qui donne une qualité au nom, ou qui le détermine ? (60).
Les adjectifs qui expriment des qualités sont appelés...? (62).
Les adjectifs qui déterminent le nom sont des adjectifs...? (63).

Quatorzième Leçon.

Combien y a-t-il de sortes d'adjectifs déterminatifs?

64. — Il y a *quatre* sortes d'adjectifs *déterminatifs*, savoir : les *possessifs*, les *démonstratifs*, les *numéraux* et les *indéfinis*.

Qu'est-ce que l'adjectif possessif?

65. — L'adjectif *possessif* détermine le nom en y ajoutant une idée de *possession*.

Quels sont les adjectifs possessifs?

66. — Les adjectifs *possessifs* sont :
Mon, ton, son (masc. sing.).
Ma, ta, sa (fém. sing.).
Notre, votre, leur (sing. des deux genres).
Mes, tes, ses, nos, vos, leurs (plur. des deux genres).

Qu'est-ce que l'adjectif démonstratif?

67. — L'adjectif *démonstratif* détermine le nom, en y ajoutant une idée de *démonstration*, *d'indication*.

Quels sont les adjectifs démonstratifs?

68. — Les adjectifs *démonstratifs* sont :
Ce ou *cet* (masc. sing.).
Cette (fém. sing.).
Ces (plur. des deux genres).

Quinzième Leçon.

Qu'est-ce que l'adjectif numéral ?

69. — L'adjectif *numéral* marque le *nombre* ou l'*ordre*.

Combien y a-t-il de sortes d'adjectifs numéraux ?

70. — Il y a *deux* sortes d'adjectifs *numéraux* : les *cardinaux* et les *ordinaux*.

Qu'est-ce que l'adjectif numéral cardinal?

71. — L'adjectif numéral *cardinal* marque simplement le *nombre*.

Comment s'appelle l'adjectif déterminatif qui marque la possession ? (65).
Comment s'appelle l'adjectif déterminatif qui montre pour ainsi dire le nom, qui l'indique ? (67).
Comment s'appelle l'adjectif déterminatif qui marque le nombre ou le rang ? (69).

— 18 —

Quels sont les adjectifs numéraux cardinaux?

72. — Les adjectifs numéraux *cardinaux* sont : *un, deux, trois, quatre*, etc.

Qu'est-ce que l'adjectif numéral ordinal?

73. — L'adjectif numéral *ordinal* marque l'*ordre*, le *rang*.

Quels sont les adjectifs numéraux ordinaux?

74. — Les adjectifs numéraux *ordinaux* sont : *premier, deuxième* ou *second, troisième, quatrième*, etc.

Qu'est-ce que l'adjectif indéfini?

75. — L'adjectif *indéfini* ajoute au nom une idée *vague* et *générale*, le plus souvent l'idée d'un *nombre* indéfini, indéterminé.

Quels sont les adjectifs indéfinis?

76. — Les adjectifs *indéfinis* sont : *nul, aucun, certain, plusieurs, même, chaque, autre, tout, quelque*, etc.

Seizième Leçon.

De combien de manières varie l'adjectif?

77. — L'adjectif varie de *deux* manières : en *genre* et en *nombre*; de sorte que le même adjectif peut prendre *quatre* formes différentes.

EXEMPLES :

Grand, masc. sing., *grands* (avec un *s*) masc. plur.; — *grande*, fém. sing., *grandes* (avec un *s*) fém. plur.

Comment se forme le féminin dans les adjectifs.

78. — Le *féminin*, dans les adjectifs, se forme généralement par un **e** qu'on ajoute au *masculin*.

Quatrième règle.

79. — Tout *adjectif* qui n'est pas terminé par un **e** (muet) au

---

Citez des adjectifs numéraux cardinaux (72).
Citez des adjectifs numéraux ordinaux (74).
Comment s'appelle l'adjectif déterminatif qui ajoute au nom une idée vague, générale, indéterminée ? (76).

Combien de formes différentes est susceptible de prendre le même adjectif qualificatif surtout ? (77).
Si l'on ajoute un *e* muet à la fin de l'adjectif au masculin, qu'est-ce que l'on obtient? (78).

masculin, en prend un au *féminin*.

EXEMPLES :

Joli (masc.), jolie (fém.); grand, grande; dévot, dévote; principal, principale.

<small>Cette règle n'a-t-elle pas d'exceptions ?</small>

80. — Cette règle a plusieurs *exceptions*, savoir :

81. — 1re EXCEPTION. Les *adjectifs* qui sont terminés par un **e** (muet) au masculin, ne *changent* pas au féminin, comme *aimable*, *honnête*, *sage*, *chaque*, *quelque*.

82. — 2me EXCEPTION. Les *adjectifs* terminés au masculin par **f**, font **ve** au féminin, par le changement de **f** en **ve** : *actif*, fém. : *active*; *maladif*, fém. : *maladive*.

83. — 3me EXCEPTION. La plupart des *adjectifs* terminés au masculin par *x*, font **se** au féminin, par le changement de *x* en **se** : *heureux*, fém. : *heureuse* ; *boiteux*, fém. : *boiteuse*.

84. — 4me EXCEPTION. Plusieurs des *adjectifs* en **eur**, comme *trompeur*, *travailleur*, font **euse** au féminin : *trompeuse*, *travailleuse*.

85. — 5me EXCEPTION. Un grand nombre des *adjectifs* terminés au masculin par une *consonne*, doublent au féminin cette consonne, avant l'**e** (muet) : *éternel*, *éternelle*; *ancien*, *ancienne*; *sujet*, *sujette*.

<small>Quels sont les adjectifs dont le féminin est pareil au masculin ? (81).
Comment fait au féminin *tardif*, *portatif*, *rétif*, etc.? (82).
Quel est le féminin de l'adjectif *peureux*, de *malheureux*, de *victorieux* etc.? (83).

Comment fait au féminin *parleur*, *chanteur*, etc.? (84).
Qu'y a-t-il à remarquer relativement aux adjectifs terminés au masculin par une consonne ? (85).
Quel est le féminin de *vieux*, de *blanc*, de *long*, de *beau*, de *nouveau*, de *fou*, etc.?</small>

Dix-septième Leçon.

Comment se forme le pluriel dans les adjectifs?

86. — Le *pluriel*, dans les *adjectifs*, se forme absolument comme dans les noms.

Cinquième règle.

87. — Tout *adjectif* (soit du masculin, soit du féminin) prend ordinairement un **s** (nul) à la *fin*, quand il est au *pluriel*.

EXEMPLES :

Le tableau *noir*, les tableaux *noirs*; la chemise *fine*, les chemises *fines*.

Quelles sont les exceptions à cette règle?

88. — 1re EXCEPTION. Les *adjectifs* terminés au singulier par **s** ou par **x** ne *changent* pas au pluriel, tels que *gris*, *épais*, *heureux* (tous les adjectifs en *eux*).

89. — 2me EXCEPTION. Parmi les *adjectifs* terminés par **al**, il en est un certain nombre, dont le pluriel se forme par le changement de **al** en **aux** : *égal, égaux*; *moral, moraux*, etc.

Sixième règle.

90. — L'adjectif *s'accorde* en genre et en nombre avec le *nom* auquel il se rapporte.

C'est-à-dire que :

Si le nom est du *masc. sing.*, l'adjectif se met au *masc. sing.* : Un frère *complaisant*.

Quelle est la lettre qui marque le pluriel dans les adjectifs, tant au masculin qu'au féminin (règle générale)? (87).
Quels sont les adjectifs qui restent tels au pluriel qu'au singulier? (88).
Comment font au pluriel les adjectifs terminés par *al*, comme *libéral* (libéraux), *fatal* (fatals), etc.?
L'adjectif se met au masculin singulier quand il qualifie un nom du.....?. (90).
L'adjectif se met au masculin pluriel quand il qualifie un nom du.....? etc.

Si le nom est du *masc. plur.*, l'adjectif se met au *masc. plur.* : Des frères *complaisants* (avec un *s* à la fin).

Si le nom est du *fém. sing.*, l'adjectif se met au *fém. sing.* : Une sœur *complaisante*.

Si le nom est du *fém. plur.*, l'adjectif se met au *fém. plur.* : Des sœurs *complaisantes* (avec un *s* à la fin).

Septième règle.

91. — Tout *adjectif* qui se rapporte à *deux* ou *plusieurs* noms à la fois, se met au *pluriel*.

EXEMPLES :

Mon frère et mon cousin *habiles* (avec un *s*) dans leur profession.
Le roi et le berger *égaux* après la mort.

LE PRONOM.

Dix-huitième Leçon.

Qu'est-ce que le pronom?

92. — Le **pronom** est un mot qui *tient lieu* du nom.

EXEMPLE :

Julien a ouvert le placard ; **il** a pris des prunes et **les** a mangées.

Dans cette phrase, le mot **il** (pronom) tient lieu du nom propre *Jules*, et le mot **les** (pronom) tient lieu du nom commun *prunes*.

LE MAITRE. — *Une conversation s'établit entre* deux *personnes; l'une parle à l'autre d'une* troisième *personne ou d'une* chose *quelconque :*

Un adjectif qui qualifie à la fois deux ou plusieurs noms du singulier se met au.....? (91).
Comment s'appellent les mots qui tiennent lieu des noms qu'on ne veut pas répéter dans le discours? (92).

Comment s'appelle, en grammaire, chacune de ces trois personnes ?

93. — La personne *qui parle* s'appelle *première* personne ; la personne *à qui elle parle* s'appelle *deuxième* personne, la personne (ou la chose) *de qui elle parle* s'appelle *troisième* personne.

Quels sont les pronoms qui tiennent lieu des trois personnes ?

Pronoms qui tiennent lieu des trois personnes :

94. — Pour la *première* (la personne qui parle), c'est *je*, *me* ou *moi*, et *nous* quand *plusieurs* personnes parlent.

Pour la *deuxième* (la personne à qui l'on parle), c'est *tu*, *te* ou *toi*, et *vous* quand c'est à *plusieurs* personnes que l'on parle.

Pour la *troisième* (la personne de qui l'on parle), il y a plusieurs pronoms, dont les principaux sont : *il*, *ils* (avec un *s*) ; *elle*, *elles* (avec un *s*).

Combien y a-t-il de sortes de pronoms ?

95. — Il y a *cinq* sortes de pronoms, savoir : les *personnels*, les *possessifs*, les *démonstratifs*, les *relatifs* et les *indéfinis*.

Dix-neuvième Leçon.

Qu'est-ce que le pronom personnel ?

96. — Le pronom *personnel* est celui qui tient lieu des *trois personnes* plus spécialement que les autres sortes de pronoms.

Quels sont les pronoms personnels ?

97. — Les pronoms *personnels* sont :

1re PERS.
(Celle qui parle)
{ *Je*, *me*, ou *moi*, sing. masc. ou fém.
Nous, plur. masc. ou fém.

2me PERS.
(Celle à qui l'on parle).
{ *Tu*, *te* ou *toi*, sing. masc. ou fém.
Vous, plur. masc. ou fém.

Quel est le pronom qui tient lieu de la personne qui parle ? (94).
Quel est le pronom qui tient lieu de la personne à qui l'on parle ? (94).
Quel est le pronom qui tient lieu de la personne de qui l'on parle ? (94).
Comment s'appellent les pronoms qui tiennent lieu des trois personnes plus spécialement que les autres pronoms ? (96).

— 23 —

	Il, masc. sing. ; *ils* (avec un *s*) masc. plur.
3ᵐᵉ PERS. (Celle de qui l'on parle).	*Elle*, fém. sing. ; *elles* (avec un *s*) fém. plur.
	Puis *se*, *soi*, *lui*, *le*, *la*, *les*, *leur*, *en*, *y*.

Qu'est-ce que le pronom possessif ?

98. — Le pronom *possessif* est celui qui tient lieu d'un *nom* accompagné d'un adjectif *possessif*.

EXEMPLE :

C'est mon crayon, le *tien* est usé (le *tien* c'est-à-dire *ton crayon*).

Quels sont les pronoms possessifs?

99. — Les pronoms *possessifs* sont :

Le *mien*, le *tien*, le *sien*, le *nôtre*, le *vôtre*, le *leur* (masc. sing.).

La *mienne*, la *tienne*, la *sienne*, la *nôtre*, la *vôtre*, la *leur* (fém. sing.).

Les *miens*, les *tiens*, les *siens* (masc. plur.).

Les *miennes*, les *tiennes*, les *siennes* (fém. plur.)

Les *nôtres*, les *vôtres*, les *leurs*. (plur. des deux genres).

Vingtième Leçon.

Qu'est-ce que le pronom démonstratif ?

100. — Le pronom *démonstratif* est celui qui tient lieu d'un *nom* accompagné d'un adjectif *démonstratif*.

EXEMPLE :

Voilà ta plume, *celle-ci* est à moi (*celle-ci*, c'est-à-dire *cette plume*).

Quels sont les pronoms démonstratifs?

101. — Les pronoms *démonstratifs* sont:

Celui, *celui-ci*, *celui-là*, *ce*, *ceci*, *cela* (masc. sing.)

Comment s'appellent les pronoms qui tiennent lieu d'un nom accompagné d'un adjectif possessif? (98).

Comment s'appellent les pronoms qui tiennent lieu d'un nom accompagné d'un adjectif démonstratif? (100).

Ceux, ceux-ci, ceux-là (masc. plur.)
Celle, celle-ci, celle-là (fém. sing.)
Celles, celles-ci, celles-là (fém. plur.)

Qu'est-ce que le pronom relatif ?

102. — Le pronom *relatif* est celui qui tient lieu d'un *nom* ou d'un autre *pronom* qui précède, presque toujours *immédiatement*.

EXEMPLES :

On aime l'élève *qui* travaille (*qui* pronom relatif).

C'est celui *que* tu préfères (*que* pronom relatif).

Qu'appelle-t-on antécédent du pronom relatif?

103. — On appelle *antécédent* du pronom relatif le *nom* ou le *pronom* dont il tient lieu. Dans les deux exemples qui précèdent, *élève* (nom commun) est l'*antécédent* du pronom relatif *qui*, et *celui* (pronom démonstratif) est l'antécédent du pronom relatif *que*.

Quels sont les pronoms relatifs?

104. — Les pronoms relatifs sont :

Qui, que, dont (des deux genres et des deux nombres).
Lequel (masc. sing.).
Lesquels (masc. plur.).
Laquelle (fém. sing.).
Lesquelles (fém. plur.).

Qu'est-ce que le pronom indéfini?

105. — Le pronom *indéfini* est celui qui représente une personne ou une chose d'une manière *vague*, *générale*, sans la préciser.

Quels sont les pronoms indéfinis?

106. — Les pronoms *indéfinis* sont : *on, quelqu'un, quiconque, chacun, autrui, personne, l'un l'autre, l'un et l'autre*.

Comment s'appellent les pronoms qui tiennent lieu d'un nom ou d'un autre pronom qui précède, presque toujours immédiatement ? (102).

Comment s'appelle le nom ou le pronom dont le pronom relatif tient lieu ? (103).

Comment s'appelle les pronoms qui représentent les personnes et les choses d'une manière vague, générale ? (105).

LE VERBE.

Vingt et unième Leçon.

Qu'est-ce que le verbe?

107. — Le **verbe** est un mot qui marque généralement qu'*on fait quelque chose.*

Il y a quelques exceptions, mais elles sont rares; le verbe *être*, par exemple, qui est un verbe à part, en est une.

EXEMPLES :

Manger, parler, sortir, répondre sont des verbes, car en *mangeant*, en *parlant*, en *sortant*, en *répondant*, on fait quelque chose.

Comment reconnaît-on qu'un mot est un verbe?

108. — Un mot est un *verbe*, si l'on peut y joindre les pronoms personnels *je, tu, il,* etc.

EXEMPLES :

Courir, recevoir sont des verbes, car on peut dire : *je* cours, *tu* cours, *il* court; *je* reçois, *tu* reçois, *il* reçoit.

En combien de classes se divisent les verbes?

109. — Les *verbes* se divisent en *quatre* grandes classes, appelées *conjugaisons* : il y a la *première,* la *deuxième,* la *troisième* et la *quatrième* conjugaison.

Combien compte-t-on de verbes à-peu-près dans la langue française?

110. — On compte, dans notre langue, environ *six mille* verbes, sous les quatre terminaisons *er, ir, oir, re.*

Parmi les verbes, quels sont ceux de la 1re, de la 2e, de la 3e, de la 4e conjugaison?

111. — Les verbes terminés par **er** sont de la 1re *conjugaison : aimer, chanter.*

Les verbes terminés par **ir** sont de la 2me *conjugaison : finir, bénir.*

Les verbes terminés par **oir** sont de la 3me *conjugaison : recevoir, pouvoir.*

Comment s'appellent les mots qui marquent qu'on fait quelque chose? (107).
Le verbe *être* marque-t-il qu'on fait quelque chose?

Quelle espèce de mots sont ceux auxquels on peut joindre les pronoms *je, tu, il* ? (108).
De quelle conjugaison sont les verbes terminés à l'infinitif par *er* ? etc. (111).

— 26 —

	Les verbes terminés par **re** sont de la 4ᵐᵉ conjugaison : *rendre, entendre.*
Le verbe varie-t-il beaucoup ?	112. — Le verbe est l'espèce de mots qui *varie* le plus : il prend un grand nombre de *formes* plus ou moins diverses.
Qu'est-ce que conjuguer un verbe ?	113. — *Conjuguer* un verbe, c'est le *réciter* ou l'*écrire*, sous toutes les formes qu'il est susceptible de prendre.

Conjugaison du verbe *auxiliaire* Avoir.

Vingt-deuxième Leçon.

Pourquoi le verbe *avoir* et le verbe *être* sont-ils appelés verbes auxiliaires ?	114. — Le verbe *avoir* et le verbe *être* sont appelés verbes *auxiliaires* parce qu'ils aident à conjuguer les autres verbes.

AVOIR (3ᵐᵉ *conjugaison*).

TEMPS DE L'INDICATIF.

(1ᵉʳ Mode). (1)

PRÉSENT.

Sing. { J'*ai* (1ᵉ pers.)
{ Tu *as* (2ᵉ pers.)
{ Il (ou elle) *a* (3ᵉ pers.)

Plur. { Nous *avons* (1ᵉ pers.)
{ Vous *avez* (2ᵉ pers.)
{ Ils (ou elles) *ont* (3ᵉ pers.)

IMPARFAIT.

J'*avais*.
Tu *avais*.
Il *avait*.
Nous *avions*.
Vous *aviez*.
Ils *avaient*.

PASSÉ DÉFINI.

J'*eus*.
Tu *eus*.
Il *eut*.
Nous *eûmes*.
Vous *eûtes*.
Ils *eurent*.

PASSÉ INDÉFINI.

J'ai *eu*.
Tu as *eu*.
Il a *eu*.
Nous avons *eu*.
Vous avez *eu*.
Ils ont *eu*.

(1) Nous n'expliquons point ce qu'on entend par *mode* ; mais nous croyons bon de mettre ce mot sous les yeux des enfants, en attendant qu'on leur en parle dans la grammaire plus complète qu'ils auront plus tard entre les mains.

| Qu'est-ce que réciter ou écrire un verbe sous toutes les formes, plus ou moins diverses, qu'il est susceptible de prendre ? (113). | Comment appelle-t-on les deux verbes qui aident à conjuguer les autres ? (114). Quels sont ces deux verbes ? |

PASSÉ ANTÉRIEUR.	FUTUR SIMPLE.
J'eus eu.	J'aurai.
Tu eus eu.	Tu auras.
Il eut eu.	Il aura.
Nous eûmes eu.	Nous aurons.
Vous eûtes eu.	Vous aurez.
Ils eurent eu.	Ils auront.
PLUS-QUE-PARFAIT.	**FUTUR ANTÉRIEUR.**
J'avais eu.	J'aurai eu.
Tu avais eu.	Tu auras eu.
Il avait eu.	Il aura eu.
Nous avions eu.	Nous aurons eu.
Vous aviez eu.	Vous aurez eu.
Ils avaient eu.	Ils auront eu.

Vingt-troisième Leçon.

TEMPS DU CONDITIONNEL.	TEMPS DE L'IMPÉRATIF.
(2e Mode.)	(3e Mode.)
PRÉSENT OU FUTUR.	Sing. Aie (2e pers.)
J'aurais.	Plur. { Ayons (1e pers.)
Tu aurais.	{ Ayez (2e pers).
Il aurait.	
Nous aurions.	**TEMPS DU SUBJONCTIF.**
Vous auriez.	(4e Mode.)
Ils auraient.	
PASSÉ.	**PRÉSENT OU FUTUR.**
J'aurais eu.	Que j'aie.
Tu aurais eu.	Que tu aies.
Il aurait eu.	Qu'il ait.
Nous aurions eu.	Que nous ayons.
Vous auriez eu.	Que vous ayez.
Ils auraient eu.	Qu'ils aient.
2e forme du PASSÉ.	**IMPARFAIT.**
J'eusse eu.	Que j'eusse.
Tu eusses eu.	Que tu eusses.
Il eût eu.	Qu'il eût.
Nous eussions eu.	Que nous eussions.
Vous eussiez eu.	Que vous eussiez.
Ils eussent eu.	Qu'ils eussent.

PASSÉ.

Que j'aie *eu*.
Que tu aies *eu*.
Qu'il ait *eu*.
Que nous ayons *eu*.
Que vous ayez *eu*.
Qu'ils aient *eu*.

PLUS-QUE-PARFAIT.

Que j'eusse *eu*.
Que tu eusses *eu*.
Qu'il eût *eu*.
Que nous eussions *eu*.
Que vous eussiez *eu*.
Qu'ils eussent *eu*.

INFINITIF.
(5e Mode.)

PRÉSENT.

Avoir.

PASSÉ.

Avoir eu.

PARTICIPE.

PRÉSENT.

Ayant.

PASSÉ.

Eu, ayant *eu.*

Conjugaison du verbe *auxiliaire* Être.

115. — ÊTRE (4me *conjugaison*).

Vingt-quatrième Leçon.

TEMPS DE L'INDICATIF.
(1er Mode.)

PRÉSENT.

Sing. { Je *suis* (1e pers.)
Tu *es* (2e pers.)
Il *est* (3e pers.)

Plur. { Nous *sommes* (1e pers.)
Vous *êtes* (2e pers.)
Ils *sont* (3e pers.)

IMPARFAIT.

J'*étais*.
Tu *étais*.
Il *était*.
Nous *étions*.
Vous *étiez*.
Ils *étaient*.

PASSÉ DÉFINI.

Je *fus*.
Tu *fus*.
Il *fut*.
Nous *fûmes*.

Vous *fûtes*.
Ils *furent*.

PASSÉ INDÉFINI.

J'ai *été*.
Tu as *été*.
Il a *été*.
Nous avons *été*.
Vous avez *été*.
Ils ont *été*.

PASSÉ ANTÉRIEUR.

J'eus *été*.
Tu eus *été*.
Il eut *été*.
Nous eûmes *été*.
Vous eûtes *été*.
Ils eurent *été*.

PLUS-QUE-PARFAIT.

J'avais *été*.
Tu avais *été*.
Il avait *été*.
Nous avions *été*.

Vous aviez *été*.
Ils avaient *été*.

FUTUR SIMPLE.

Je *serai*.
Tu *seras*.
Il *sera*.
Nous *serons*.
Vous *serez*.
Ils *seront*.

FUTUR ANTÉRIEUR.

J'aurai *été*.
Tu auras *été*.
Il aura *été*.
Nous aurons *été*.
Vous aurez *été*.
Ils auront *été*.

Vingt-cinquième Leçon.

TEMPS DU CONDITIONNEL.
(2ᵉ Mode.)

PRÉSENT OU FUTUR.

Je *serais*.
Tu *serais*.
Il *serait*.
Nous *serions*.
Vous *seriez*.
Ils *seraient*.

PASSÉ.

J'aurais *été*.
Tu aurais *été*.
Il aurait *été*.
Nous aurions *été*.
Vous auriez *été*.
Ils auraient *été*.

2ᵉ forme du PASSÉ.

J'eusse *été*.
Tu eusses *été*.
Il eût *été*.
Nous eussions *été*.
Vous eussiez *été*.
Ils eussent *été*.

TEMPS DE L'IMPÉRATIF.
(3ᵉ Mode.)

Sing. Sois (2ᵉ pers.)
Plur. { Soyons (1ᵉ pers.)
       { Soyez (2ᵉ pers.)

TEMPS DU SUBJONCTIF.
(4ᵉ Mode.)

PRÉSENT OU FUTUR.

Que je *sois*.
Que tu *sois*.
Qu'il *soit*.
Que nous *soyons*.
Que vous *soyez*.
Qu'ils *soient*.

IMPARFAIT.

Que je *fusse*.
Que tu *fusses*.
Qu'il *fût*.
Que nous *fussions*.
Que vous *fussiez*.
Qu'ils *fussent*.

PASSÉ.

Que j'aie *été*.
Que tu aies *été*.
Qu'il ait *été*.
Que nous ayons *été*.
Que vous ayez *été*.
Qu'ils aient *été*.

PLUS-QUE-PARFAIT.

Que j'eusse *été*.
Que tu eusses *été*.
Qu'il eût *été*.
Que nous eussions *été*.
Que vous eussiez *été*.
Qu'ils eussent *été*.

3*

INFINITIF.	PARTICIPE.
(5ᵉ Mode.)	
PRÉSENT.	PRÉSENT.
Être.	Étant.
PASSÉ.	PASSÉ.
Avoir été.	Été, ayant été.

Première Conjugaison en er.

116. — AIMER (1ᵉʳ modèle).
Vingt-sixième Leçon.

TEMPS DE L'INDICATIF.

(1ᵉʳ mode.)

PRÉSENT.

J'*aime.*
Tu *aimes.*
Il *aime.*
Nous *aimons.*
Vous *aimez.*
Ils *aiment.*

IMPARFAIT.

J'*aimais.*
Tu *aimais.*
Il *aimait.*
Nous *aimions.*
Vous *aimiez.*
Ils *aimaient.*

PASSÉ DÉFINI.

J'*aimai.*
Tu *aimas*
Il *aima*
Nous *aimâmes.*
Vous *aimates.*
Ils *aimèrent.*

PASSÉ INDÉFINI.

J'ai *aimé.*
Tu as *aimé.*
Il a *aimé.*
Nous avons *aimé.*
Vous avez *aimé.*
Ils ont *aimé.*

PASSÉ ANTÉRIEUR.

J'eus *aimé.*
Tu eus *aimé.*
Il eut *aimé.*
Nous eûmes *aimé.*
Vous eûtes *aimé.*
Ils eurent *aimé.*

PLUS-QUE-PARFAIT.

J'avais *aimé.*
Tu avais *aimé.*
Il avait *aimé.*
Nous avions *aimé.*
Vous aviez *aimé.*
Ils avaient *aimé.*

FUTUR.

J'*aimerai.*
Tu *aimeras.*
Il *aimera.*
Nous *aimerons.*
Vous *aimerez.*
Ils *aimeront.*

FUTUR ANTÉRIEUR.

J'aurai *aimé.*
Tu auras *aimé.*
Il aura *aimé.*
Nous aurons *aimé.*
Vous aurez *aimé.*
Ils auront *aimé.*

Conjuguez *parler*, de vive voix, (ou simplement une partie), sur *aimer*, (116).

Vingt-septième Leçon.

TEMPS DU CONDITIONNEL.
(2me Mode.)

PRÉSENT.

J'aimerais.
Tu aimerais.
Il aimerait.
Nous aimerions.
Vous aimeriez.
Ils aimeraient.

PASSÉ.

J'aurais aimé.
Tu aurais aimé.
Il aurait aimé.
Nous aurions aimé.
Vous auriez aimé.
Ils auraient aimé.

2me forme du PASSÉ.

J'eusse aimé.
Tu eusses aimé.
Il eût aimé.
Nous eussions aimé.
Vous eussiez aimé.
Ils eussent aimé.

TEMPS DE L'IMPÉRATIF.
(3me Mode.)

Aime.
Aimons.
Aimez.

TEMPS DU SUBJONCTIF.
(4me Mode).

PRÉSENT OU FUTUR.

Que j'aime.
Que tu aimes.
Qu'il aime.
Que nous aimions.
Que vous aimiez.
Qu'ils aiment.

IMPARFAIT.

Que j'aimasse.
Que tu aimasses.
Qu'il aimât.
Que nous aimassions.
Que vous aimassiez.
Qu'ils aimassent.

PASSÉ.

Que j'aie aimé
Que tu aies aimé.
Qu'il ait aimé.
Que nous ayons aimé.
Que vous ayez aimé.
Qu'ils aient aimé.

PLUS-QUE-PARFAIT.

Que j'eusse aimé.
Que tu eusses aimé.
Qu'il eût aimé.
Que nous eussions aimé.
Que vous eussiez aimé.
Qu'ils eussent aimé.

INFINITIF.
(5me Mode.)

PRÉSENT.

Aimer.

PASSÉ.

Avoir aimé.

PARTICIPE.

PRÉSENT.

Aimant.

PASSÉ.

Aimé, aimée, ayant aimé.

VERBES A CONJUGUER SUR AIMER. (1)

Bavarder, moissonner, sarcler, tailler, marcher, déjeuner, adorer,

---

(1) NOTA. — Non-seulement il est bon d'exercer les élèves à la conjugaison *orale*, mais encore, dès qu'ils savent écrire assez régulièrement, il faut les exercer à la conjugaison *écrite* : C'est le premier devoir de grammaire pour les enfants. Il est utile qu'ils conjuguent au moins *deux* verbes par semaine. On les fait débuter, dans cet exercice, par la *copie* des verbes modèles.

décrotter, travailler, écorcher, repasser, arroser, indiquer, égratigner, tourmenter, cacher, gagner, danser, visiter, regarder, communiquer, plumer, distinguer, labourer, écumer, soutirer, couper, enseigner, porter, examiner, surveiller, mériter, calquer, plaisanter, commander, laver, préparer, dessiner, déchirer, cacher.

Deuxième Conjugaison en **ir**.

117. — FINIR (2me *modèle*).

Vingt-huitième Leçon.

TEMPS DE L'INDICATIF.

(1er Mode.)

PRÉSENT.

Je *finis*.
Tu *finis*.
Il *finit*
Nous *finissons*.
Vous *finissez*.
Ils *finissent*.

IMPARFAIT.

Je *finissais*.
Tu *finissais*.
Il *finissait*.
Nous *finissions*.
Vous *finissiez*.
Ils *finissaient*.

PASSÉ DÉFINI.

Je *finis*.
Tu *finis*.
Il *finit*.
Nous *finîmes*.
Vous *finîtes*.
Ils *finirent*.

PASSÉ INDÉFINI.

J'ai *fini*.
Tu as *fini*.
Il a *fini*.
Nous avons *fini*.
Vous avez *fini*.
Ils ont *fini*.

PASSÉ ANTÉRIEUR.

J'eus *fini*.
Tu eus *fini*.
Il eut *fini*.
Nous eûmes *fini*.
Vous eûtes *fini*.
Ils eurent *fini*.

PLUS-QUE-PARFAIT.

J'avais *fini*.
Tu avais *fini*.
Il avait *fini*.
Nous avions *fini*.
Vous aviez *fini*.
Ils avaient *fini*.

FUTUR.

Je *finirai*.
Tu *finiras*.
Il *finira*.
Nous *finirons*.
Vous *finirez*.
Ils *finiront*.

FUTUR ANTÉRIEUR.

J'aurai *fini*.
Tu auras *fini*.
Il aura *fini*.
Nous aurons *fini*.
Vous aurez *fini*.
Ils auront *fini*.

Conjuguez *flétrir*, de vive voix, sur *finir*, (117).

Vingt-neuvième Leçon.

TEMPS DU CONDITIONNEL.
(2ᵐᵉ Mode.)
PRÉSENT.

Je finirais.
Tu finirais.
Il finirait.
Nous finirions.
Vous finiriez.
Ils finiraient.

PASSÉ.

J'aurai fini.
Tu aurais fini.
Il aurait fini.
Nous aurions fini.
Vous auriez fini.
Ils auraient fini.

2ᵐᵉ forme du PASSÉ.

J'eusse fini.
Tu eusses fini.
Il eût fini.
Nous eussions fini.
Vous eussiez fini.
Ils eussent fini.

TEMPS DE L'IMPÉRATIF.
(3ᵐᵉ Mode.)

Finis.
Finissons.
Finissez.

TEMPS DU SUBJONCTIF.
(4ᵐᵉ Mode.)
PRÉSENT OU FUTUR.

Que je finisse.
Que tu finisses.
Qu'il finisse.
Que nous finissions.
Que vous finissiez.
Qu'ils finissent.

IMPARFAIT.

Que je finisse.
Que tu finisses.
Qu'il finît.
Que nous finissions.
Que vous finissiez.
Qu'ils finissent.

PASSÉ.

Que j'aie fini.
Que tu aies fini.
Qu'il ait fini.
Que nous ayons fini.
Que vous ayez fini.
Qu'ils aient fini.

PLUS-QUE-PARFAIT.

Que j'eusse fini.
Que tu eusses fini.
Qu'il eût fini.
Que nous eussions fini.
Que vous eussiez fini.
Qu'ils eussent fini.

INFINITIF.
(5ᵐᵉ Mode.)
PRÉSENT.

Finir.

PASSÉ.

Avoir fini.

PARTICIPE.
PRÉSENT.

Finissant.

PASSÉ.

Fini, finie, ayant fini.

VERBES A CONJUGUER SUR **FINIR.**

Vomir, remplir, adoucir, éclaircir, guérir, engloutir, grandir, blanchir, démolir, vieillir, réussir, fournir, obéir, noircir, réunir, choisir, nourrir, désobéir, gémir, embellir, arrondir, aboutir, languir, fléchir, saisir, rôtir, élargir, pétrir, trahir, rougir, pâlir.

Troisième Conjugaison en **oir**.

118. — RECEVOIR (3ᵐᵉ *modèle*).

Trentième Leçon.

TEMPS DE L'INDICATIF.

(1ᵉʳ Mode.)

PRÉSENT.

Je reçois.
Tu reçois.
Il reçoit.
Nous recevons.
Vous recevez.
Ils reçoivent.

IMPARFAIT.

Je recevais.
Tu recevais.
Il recevait.
Nous recevions.
Vous receviez.
Ils recevaient.

PASSÉ DÉFINI.

Je reçus.
Tu reçus.
Il reçut.
Nous reçûmes.
Vous reçûtes.
Ils reçurent.

PASSÉ INDÉFINI.

J'ai reçu.
Tu as reçu.
Il a reçu.
Nous avons reçu.
Vous avez reçu.
Ils ont reçu.

PASSÉ ANTÉRIEUR.

J'eus reçu.
Tu eus reçu.
Il eut reçu.
Nous cûmes reçu.
Vous eûtes reçu.
Ils eurent reçu.

PLUS-QUE-PARFAIT.

J'avais reçu.
Tu avais reçu.
Il avait reçu.
Nous avions reçu.
Vous aviez reçu.
Ils avaient reçu.

FUTUR.

Je recevrai.
Tu recevras.
Il recevra.
Nous recevrons.
Vous recevrez.
Ils recevront.

FUTUR ANTÉRIEUR.

J'aurai reçu.
Tu auras reçu.
Il aura reçu.
Nous aurons reçu.
Vous aurez reçu.
Ils auront reçu.

Conjuguez *apercevoir*, de vive voix, sur *recevoir*, (118).

Trente et unième Leçon.

TEMPS DU CONDITIONNEL.
(2ᵐᵉ Mode.)

PRÉSENT.

Je recevrais.
Tu recevrais.
Il recevrait.
Nous recevrions.
Vous recevriez.
Ils recevraient.

PASSÉ.

J'aurais reçu.
Tu aurais reçu.
Il aurait reçu.
Nous aurions reçu.
Vous auriez reçu.
Ils auraient reçu.

2ᵐᵉ forme du PASSÉ.

J'eusse reçu.
Tu eusses reçu.
Il eût reçu.
Nous eussions reçu.
Vous eussiez reçu.
Ils eussent reçu.

TEMPS DE L'IMPÉRATIF.
(3ᵐᵉ Mode.)

Reçois.
Recevons.
Recevez.

TEMPS DU SUBJONCTIF.
(4ᵐᵉ Mode.)

PRÉSENT OU FUTUR.

Que je reçoive.
Que tu reçoives.
Qu'il reçoive.
Que nous recevions.
Que vous receviez.
Qu'ils reçoivent.

IMPARFAIT.

Que je reçusse.
Que tu reçusses.
Qu'il reçût.
Que nous reçussions.
Que vous reçussiez.
Qu'ils reçussent.

PASSÉ.

Que j'aie reçu.
Que tu aies reçu.
Qu'il ait reçu.
Que nous ayons reçu.
Que vous ayez reçu.
Qu'ils aient reçu.

PLUS-QUE-PARFAIT.

Que j'eusse reçu.
Que tu eusses reçu.
Qu'il eût reçu.
Que nous eussions reçu.
Que vous eussiez reçu.
Qu'ils eussent reçu.

INFINITIF.
(5ᵐᵉ Mode.)

PRÉSENT.

Recevoir.

PASSÉ.

Avoir reçu.

PARTICIPE.

PRÉSENT.

Recevant.

PASSÉ.

Reçu, reçue, ayant reçu.

VERBES A CONJUGUER SUR RECEVOIR.

Apercevoir, concevoir, décevoir, percevoir, devoir, redevoir.

Quatrième Conjugaison en re.

119. — RENDRE (4me modèle).

Trente-deuxième Leçon.

TEMPS DE L'INDICATIF.

(1er Mode.)

PRÉSENT.

Je rends.
Tu rends.
Il rend.
Nous rendons.
Vous rendez.
Ils rendent.

IMPARFAIT.

Je rendais.
Tu rendais.
Il rendait.
Nous rendions.
Vous rendiez.
Ils rendaient.

PASSÉ DÉFINI.

Je rendis.
Tu rendis.
Il rendit.
Nous rendîmes.
Vous rendîtes.
Ils rendirent.

PASSÉ INDÉFINI.

J'ai rendu.
Tu as rendu.
Il a rendu.
Nous avons rendu.
Vous avez rendu.
Ils ont rendu.

PASSÉ ANTÉRIEUR.

J'eus rendu.
Tu eus rendu.
Il eut rendu.
Nous eûmes rendu.
Vous eûtes rendu.
Ils eurent rendu.

PLUS-QUE-PARFAIT.

J'avais rendu.
Tu avais rendu.
Il avait rendu.
Nous avions rendu.
Vous aviez rendu.
Ils avaient rendu.

FUTUR.

Je rendrai.
Tu rendras.
Il rendra.
Nous rendrons.
Vous rendrez.
Ils rendront.

FUTUR ANTÉRIEUR.

J'aurai rendu.
Tu auras rendu.
Il aura rendu.
Nous aurons rendu.
Vous aurez rendu.
Ils auront rendu.

Conjuguez *prétendre*, de vive voix, sur *rendre*, (119).

Trente-troisième Leçon.

TEMPS DU CONDITIONNEL.
(2ᵐᵉ mode.)

PRÉSENT.

Je rendrais.
Tu rendrais.
Il rendrait.
Nous rendrions.
Vous rendriez.
Ils rendraient.

PASSÉ.

J'aurais rendu.
Tu aurais rendu.
Il aurait rendu.
Nous aurions rendu.
Vous auriez rendu.
Ils auraient rendu.

2ᵉ forme du PASSÉ.

J'eusse rendu.
Tu eusses rendu.
Il eût rendu.
Nous eussions rendu.
Vous eussiez rendu.
Ils eussent rendu.

TEMPS DE L'IMPÉRATIF.
(3ᵐᵉ mode.)

Rends.
Rendons.
Rendez.

TEMPS DU SUBJONCTIF.
(4ᵐᵉ mode.)

PRÉSENT OU FUTUR.

Que je rende.
Que tu rendes.
Qu'il rende.
Que nous rendions.
Que vous rendiez.
Qu'ils rendent.

IMPARFAIT.

Que je rendisse.
Que tu rendisses.
Qu'il rendît.
Que nous rendissions.
Que vous rendissiez.
Qu'ils rendissent.

PASSÉ.

Que j'aie rendu.
Que tu aies rendu.
Qu'il ait rendu.
Que nous ayons rendu.
Que vous ayez rendu.
Qu'ils aient rendu.

PLUS-QUE-PARFAIT.

Que j'eusse rendu.
Que tu eusses rendu.
Qu'il eût rendu.
Que nous eussions rendu.
Que vous eussiez rendu.
Qu'ils eussent rendu.

INFINITIF.
(5ᵐᵉ mode.)

PRÉSENT.

Rendre.

PASSÉ.

Avoir rendu.

PARTICIPE.

PRÉSENT.

Rendant.

PASSÉ.

Rendu, rendue, ayant rendu.

VERBES A CONJUGUER SUR RENDRE.

Vendre, fendre, perdre, descendre, attendre, prétendre, répondre, tondre, confondre, mordre, correspondre, entendre, fondre, tordre, revendre.

Trente-quatrième Leçon.

Qu'appelle-t-on sujet du verbe ?

120. — On appelle *sujet* du verbe le mot qui représente la personne ou la chose qui fait l'action exprimée par le verbe.

Comment trouve-t-on le sujet d'un verbe, dans une phrase ?

121. — On trouve le *sujet* d'un verbe, dans une phrase, en mettant **qui** devant le verbe. Le *mot* qui répond à la question est le *sujet*.

EXEMPLES :

La *terre* tourne. **Qui** tourne ? Réponse : la *terre* (sujet).

J'étais indisposé. **Qui** était indisposé ? Réponse : *je* c'est-à-dire *moi* (sujet).

Huitième règle.

122. — Tout verbe *s'accorde* avec son *sujet* en nombre et en personne.

C'est-à-dire que :

Si le sujet est un *pronom*, le verbe se met à la *même personne* que le pronom : à la **1**ᵉ, à la **2**ᵉ ou à la **3**ᵉ personne du *singulier* ou du *pluriel*.

Neuvième règle.

123. — Si le *sujet* est un nom, le verbe se met à la **3**ᵉ personne du *singulier* ou du *pluriel*, suivant que le nom est au *singulier* ou au *pluriel*.

EXEMPLES :

Mon frère *écrivait*. Mes sœurs *écrivaient*.

Comment s'appelle le mot qui représente la personne ou la chose qui fait l'action exprimée par le verbe ? (120).

Si l'on met *qui* devant le verbe, dans une phrase, il vient à la réponse.... ? (121).

Avec quel mot s'accorde le verbe ? (122).

Comment s'accorde le verbe avec son sujet ? (122).

Si le sujet est un pronom de la 1ʳᵉ personne du singulier, le verbe se met à la..... ? etc. (122).

Si le sujet est un nom au singulier, le verbe se met à la ... ? (123).

Si le sujet est un nom au pluriel, le verbe se met à la.... ? (123).

— 39 —

Dixième règle.
124. — Tout verbe qui a pour sujet *deux* ou *plusieurs* noms au singulier à la fois, se met à la **3ᵉ** personne du *pluriel*.

EXEMPLE :
Le cheval et le bœuf *traînent* la charrue.

Trente-cinquième Leçon.

Combien y a-t-il de sortes de verbes?
125. — Il y a *deux* sortes principales de verbes : les verbes **actifs** et les verbes **neutres**. Mais on distingue encore les verbes *passifs*, les verbes *pronominaux* et les verbes *unipersonnels*.

Qu'est-ce que le verbe actif?
126. — Le verbe *actif* est celui après lequel on peut dire *quelqu'un* ou *quelque chose*.

EXEMPLES :
Saluer, finir sont des verbes *actifs*, car on peut dire *saluer quelqu'un, finir quelque chose*.

Qu'est-ce que le verbe neutre?
127. — Le verbe *neutre* est celui après lequel on ne peut dire ni *quelqu'un*, ni *quelque chose*.

EXEMPLES :
Tomber, dormir sont des verbes *neutres*, car *tomber quelqu'un*, ne saurait se dire, pas plus que *dormir quelque chose*.

Conjugaison du verbe **passif**.

ÊTRE AIMÉ (5ᵉ modèle).

Trente-sixième Leçon.

Qu'est-ce que le verbe passif?
128 — Le verbe *passif* est celui qui résulte du *participe passé* d'un verbe actif,

Si le verbe a pour sujet deux ou plusieurs noms au singulier, il se met à la....? (124).
Comment s'appelle le verbe après lequel on peut mettre *quelqu'un* ou *quelque chose* ? (126).

En quoi diffère le verbe neutre du verbe actif? (127).
Comment s'appelle le verbe qui se compose du participe passé d'un verbe actif, accompagné de l'auxiliaire être? (128).

conjugué avec l'*auxiliaire être*, dans tous ses temps.

EXEMPLES :

*A*imer (verbe actif), *être aimé* (verbe passif).
*P*unir (verbe actif), *être puni* (verbe passif).

TEMPS DE L'INDICATIF.
(1er Mode.)
PRÉSENT.

Je suis *aimé* ou *aimée*, (si c'est une femme qui parle).
Tu es *aimé* ou *aimée*.
Il est *aimé* ou elle est *aimée*.
Nous sommes *aimés* ou *aimées*, (si ce sont des femmes qui parlent).
Vous êtes *aimés* ou *aimées*.
Ils sont *aimés* ou elles sont *aimées*.

IMPARFAIT.

J'étais *aimé*.
Tu étais *aimé*.
Il était *aimé*.
Nous étions *aimés*.
Vous étiez *aimés*.
Ils étaient *aimés*.

PASSÉ DÉFINI.

Je fus *aimé*.
Tu fus *aimé*.
Il fut *aimé*.
Nous fûmes *aimés*.
Vous fûtes *aimés*.
Ils furent *aimés*.

PASSÉ INDÉFINI.

J'ai été *aimé*.
Tu as été *aimé*.
Il a été *aimé*.
Nous avons été *aimés*.
Vous avez été *aimés*.
Ils ont été *aimés*.

PASSÉ ANTÉRIEUR.

J'eus été *aimé*.
Tu eus été *aimé*.
Il eut été *aimé*.
Nous eûmes été *aimés*.
Vous eûtes été *aimés*.
Ils eurent été *aimés*.

PLUS-QUE-PARFAIT.

J'avais été *aimé*.
Tu avais été *aimé*.
Il avait été *aimé*.
Nous avions été *aimés*.
Vous aviez été *aimés*.
Ils avaient été *aimés*.

FUTUR.

Je serai *aimé*.
Tu seras *aimé*.
Il sera *aimé*.
Nous serons *aimés*.
Vous serez *aimés*.
Ils seront *aimés*.

FUTUR ANTÉRIEUR.

J'aurai été *aimé*.
Tu auras été *aimé*.
Il aura été *aimé*.
Nous aurons été *aimés*.
Vous aurez été *aimés*.
Ils auront été *aimés*.

TEMPS DU CONDITIONNEL.
(2e Mode.)
PRÉSENT OU FUTUR.

Je serais *aimé*.
Tu serais *aimé*.
Il serait *aimé*.
Nous serions *aimés*.
Vous seriez *aimés*.
Ils seraient *aimés*.

PASSÉ.

J'aurais été *aimé*.
Tu aurais été *aimé*.
Il aurait été *aimé*.

Conjuguez, de vive voix, le verbe passif *être battu*. | Formez le verbe passif *de prier*, etc.

Nous aurions été aimés.
Vous auriez été aimés.
Ils auraient été aimés.

2ᵉ forme du PASSÉ.

J'eusse été aimé.
Tu eusses été aimé.
Il eût été aimé.
Nous eussions été aimés.
Vous eussiez été aimés.
Ils eussent été aimés.

TEMPS DE L'IMPÉRATIF.
(3ᵉ Mode.)

Sois aimé.
Soyez aimés.
Soyons aimés.

TEMPS DU SUBJONCTIF.
(4ᵉ Mode.)

PRÉSENT OU FUTUR.

Que je sois aimé.
Que tu sois aimé.
Qu'il soit aimé.
Que nous soyons aimés.
Que vous soyez aimés.
Qu'ils soient aimés.

IMPARFAIT.

Que je fusse aimé.
Que tu fusses aimé.
Qu'il fût aimé.
Que nous fussions aimés.
Que vous fussiez aimés.
Qu'ils fussent aimés.

PASSÉ.

Que j'aie été aimé.
Que tu aies été aimé.
Qu'il ait été aimé.
Que nous ayons été aimés.
Que vous ayez été aimés.
Qu'ils aient été aimés.

PLUS-QUE-PARFAIT.

Que j'eusse été aimé.
Que tu eusses été aimé.
Qu'il eût été aimé.
Que nous eussions été aimés.
Que vous eussiez été aimés.
Qu'ils eussent été aimés.

INFINITIF.
(5ᵉ Mode.)

PRÉSENT.

Être aimé.

PASSÉ.

Avoir été aimé.

PARTICIPE.

PRÉSENT.

Étant aimé.

PASSÉ.

Ayant été aimé.

Conjugaison du verbe **pronominal**.

SE FLATTER (6ᵐᵉ modèle).

Trente-septième Leçon.

Qu'est-ce que le verbe pronominal ?

129. — Le verbe *pronominal* est celui qui se conjugue, dans tous ses temps, avec

Comment se nomme le verbe qui se conjugue, dans tous ses temps, avec deux pronoms de la même personne ? (129).

deux pronoms de la même personne : *je me,
tu te, il se, nous nous, vous vous, ils se.*

TEMPS DE L'INDICATIF.
(1er mode.)
PRÉSENT.
Je me *flatte.*
Tu te *flattes.*
Il se *flatte.*
Nous nous *flattons.*
Vous vous *flattez.*
Ils se *flattent.*

IMPARFAIT.
Je me *flattais.*
Tu te *flattais.*
Il se *flattait.*
Nous nous *flattions.*
Vous vous *flattiez.*
Ils se *flattaient.*

PASSÉ DÉFINI.
Je me *flattai.*
Tu te *flattas.*
Il se *flatta.*
Nous nous *flattâmes.*
Vous vous *flattâtes.*
Ils se *flattèrent.*

PASSÉ INDÉFINI.
Je me suis *flatté.*
Tu t'es *flatté.*
Il s'est *flatté.*
Nous nous sommes *flattés.*
Vous vous êtes *flattés.*
Ils se sont *flattés.*

PASSÉ ANTÉRIEUR.
Je me fus *flatté.*
Tu te fus *flatté.*
Il se fut *flatté.*
Nous nous fûmes *flattés.*
Vous vous fûtes *flattés.*
Ils se furent *flattés.*

PLUS-QUE-PARFAIT.
Je m'étais *flatté.*
Tu t'étais *flatté.*
Il s'était *flatté.*
Nous nous étions *flattés.*
Vous vous étiez *flattés.*
Ils s'étaient *flattés.*

FUTUR.
Je me *flatterai.*
Tu te *flatteras.*
Il se *flattera.*
Nous nous *flatterons.*
Vous vous *flatterez.*
Ils se *flatteront.*

FUTUR ANTÉRIEUR.
Je me serai *flatté.*
Tu te seras *flatté.*
Il se sera *flatté.*
Nous nous serons *flattés.*
Vous vous serez *flattés.*
Ils se seront *flattés.*

Trente-huitième Leçon.

TEMPS DU CONDITIONNEL.
(2me Mode.)
PRÉSENT.
Je me *flatterais.*
Tu te *flatterais.*
Il se *flatterait.*
Nous nous *flatterions.*
Vous vous *flatteriez.*
Ils se *flatteraient.*

PASSÉ.
Je me serais *flatté.*
Tu te serais *flatté.*
Il se serait *flatté.*
Nous nous serions *flattés.*
Vous vous seriez *flattés.*
Ils se seraient *flattés.*

Conjuguez, de vive voix, le verbe pronominal *se douter.*

2ᵐᵉ forme du PASSÉ.

Je me fusse *flatté*.
Tu te fusses *flatté*.
Il se fût *flatté*.
Nous nous fussions *flattés*.
Vous vous fussiez *flattés*.
Ils se fussent *flattés*.

TEMPS DE L'IMPÉRATIF.
(3ᵐᵉ Mode.)

Flatte-toi.
Flattons-nous.
Flattez-vous.

TEMPS DU SUBJONCTIF.
(4ᵐᵉ Mode).

PRÉSENT OU FUTUR.

Que je me *flatte*.
Que tu te *flattes*.
Qu'il se *flatte*.
Que nous nous *flattions*.
Que vous vous *flattiez*.
Qu'ils se *flattent*.

IMPARFAIT.

Que je me *flattasse*.
Que tu te *flattasses*.
Qu'il se *flattât*.
Que nous nous *flattassions*.
Que vous vous *flattassiez*.
Qu'ils se *flattassent*.

PASSÉ.

Que je me sois *flatté*.
Que tu te sois *flatté*.
Qu'il se soit *flatté*.
Que nous nous soyons *flattés*.
Que vous vous soyez *flattés*.
Qu'ils se soient *flattés*.

PLUS-QUE-PARFAIT.

Que je me fusse *flatté*.
Que tu te fusses *flatté*.
Qu'il se fût *flatté*.
Que nous nous fussions *flattés*.
Que vous vous fussiez *flattés*.
Qu'ils se fussent *flattés*.

INFINITIF.
(5ᵐᵉ Mode.)

PRÉSENT.

Se *flatter*.

PASSÉ.

S'être *flatté*.

PARTICIPE.

PRÉSENT.

Se *flattant*.

PASSÉ.

S'étant *flatté*.

Conjugaison du verbe **unipersonnel**.

TONNER (7ᵐᵉ modèle).

Trente-neuvième Leçon.

Qu'est-ce que le verbe unipersonnel ?	130. — Le verbe *unipersonnel* est celui qui ne s'emploie, à chaque temps, qu'à la troisième personne du *singulier*.

Comment s'appelle le verbe qui ne s'emploie, à chaque temps, qu'à la 3ᵉ personne du singulier ? (130). | Conjuguez, de vive voix, le verbe unipersonnel *résulter*.

— 44 —

TEMPS DE L'INDICATIF.	
(1er Mode.)	

PRÉSENT.
Il *tonne*.

IMPARFAIT.
Il *tonnait*.

PASSÉ DÉFINI.
Il *tonna*.

PASSÉ INDÉFINI.
Il a *tonné*.

PASSÉ ANTÉRIEUR.
Il eut *tonné*.

PLUS-QUE-PARFAIT.
Il avait *tonné*.

FUTUR.
Il *tonnera*.

FUTUR ANTÉRIEUR.
Il aura *tonné*.

TEMPS DU CONDITIONNEL.
(2me Mode.)

PRÉSENT.
Il *tonnerait*.

PASSÉ.
Il aurait *tonné*.

TEMPS DU SUBJONCTIF.
(4me Mode.)

PRÉSENT OU FUTUR.
Qu'il *tonne*.

IMPARFAIT.
Qu'il *tonnât*.

PASSÉ.
Qu'il ait *tonné*.

PLUS-QUE-PARFAIT.
Qu'il eût *tonné*.

INFINITIF.
(5me Mode.)

PRÉSENT.
Tonner.

PARTICIPE.

PRÉSENT.
Tonnant.

PASSÉ.
Ayant *tonné*.

LE PARTICIPE.

Quarantième Leçon.

Qu'est-ce que le participe?

131. — Le **participe** est un mot qui, *dérivant* du verbe, *qualifie* comme l'adjectif.

EXEMPLES :
Une famille *bénie* du ciel : *bénie* (participe) vient du verbe *bénir*, et il qualifie *famille*.
Une mère *caressant* son enfant : *caressant* (participe) vient du verbe *caresser*, et il qualifie *mère*.

Combien y a-t-il de sortes de participes?

132. — Il y a *deux* sortes de participes : le participe *présent* et le participe *passé*.

Quelle est la terminaison unique du participe présent?

133. — Le participe *présent* est toujours terminé par **ant**.

EXEMPLES :
Arrivant, demandant, lisant, étudiant.

Comment se nomme le mot qui tient à la fois du verbe et de l'adjectif? (131). | Le participe présent a-t-il plusieurs terminaisons? (133).

— 45 —

Le participe passé a-t-il aussi une terminaison unique ?

134. — Le participe *passé* a diverses terminaisons.

EXEMPLES :

Battu, battue; — promis, promise; — chanté, chantée; — durci, durcie; — ouvert, ouverte, etc.

Onzième règle.

135. — Le participe *présent* ne s'accorde pas avec le mot auquel il se rapporte : il est toujours *invariable*.

EXEMPLES :

Ces élèves *étudiant* leurs leçons.
Des hirondelles *construisant* un nid.

Douzième règle.

136. — Le féminin du participe passé se forme, sans exception, par un **e** (muet) qu'on ajoute au *masculin*. Le *pluriel* du participe passé, soit masculin, soit féminin, se forme par un **s** qu'on ajoute au *singulier*.

Treizième règle.

137. — Le participe passé, soit *seul*, soit accompagné de l'auxiliaire *être*, s'accorde en genre et en nombre, *comme un véritable adjectif*, avec le mot ou les mots qu'il qualifie.

EXEMPLES :

Des arbres *déracinés* (déracinés, avec un *s* à la fin).

Le participe passé a-t-il aussi une terminaison unique? (134).
Le participe présent s'accorde-t-il? (135).
Comment se forme le féminin du participe passé? (136).
Comment se forme le pluriel du participe passé? (136).
Comment s'accorde le participe passé soit seul, soit accompagné de l'auxiliaire être? (137).
Si le participe passé se rapporte à un nom du féminin singulier, il se met au.....? etc.

Sa chemise et sa blouse *décousues* (décousues, avec *es* à la fin).
Mes oncles sont *morts* (morts, avec un *s* à la fin).
Ta plume et ta règle étaient *tombées* (tombées, avec *es* à la fin).

Quatorzième règle.

138. — Le participe passé accompagné de l'auxiliaire *avoir*, reste le plus souvent *invariable*.

EXEMPLES :

Nous avons *travaillé* tout le jour (pas de *s* à travaillé).
Pierre et Paul avaient *fini* leurs devoirs (pas de *s* à fini).

L'ADVERBE.

Quarante et unième Leçon.

Qu'est ce que l'adverbe ?

139. — L'**adverbe** est un mot invariable qui se met ordinairement près du *verbe*, pour ajouter à sa signification, pour la *modifier*. L'adverbe *modifie* aussi quelquefois l'adjectif.

EXEMPLES :

Il écrit *proprement* (proprement, adverbe).
Une personne *peu* charitable (peu, adverbe).

Citez quelques-uns des adverbes les plus usités ?

140. — Adverbes : *Aujourd'hui, demain, hier ; autrefois, bientôt, souvent, toujours, jamais ; — beaucoup, peu, assez, trop ; — plus, mieux, moins, autant ; — dedans, dehors, dessus, dessous, partout, loin, où ; — prudemment, modestement, agréablement*, etc., formés des adjectifs *prudent, modeste, agréable*.

Qu'appelle-t-on locutions adverbiales ?

141. — On appelle *locutions adverbiales* des assemblages de mots jouant le même

---

Qu'y a-t-il à remarquer relativement au participe passé accompagné de l'auxiliaire *avoir* ? (138).
Comment s'appelle le mot invariable qui modifie un verbe ou un adjectif ? (139).
Comment s'appellent les assemblages de mots qui jouent le même rôle que l'adverbe ? (141).

— 47 —

rôle que l'adverbe, — tels que : *à la fin, à présent, de nouveau, sans cesse, en général.*

LA PRÉPOSITION.

Quarante-deuxième Leçon.

Qu'est-ce que la préposition ?

142. — La **préposition** est un mot invariable qui se met généralement devant un nom ou un pronom pour marquer *son rapport* avec le mot qui précède.

EXEMPLES :

Paul est tombé *dans* l'eau (*dans*, préposition).
Pierre est grimpé *sur* le mur (*sur*, préposition).
J'ai rencontré un étranger, et j'ai voyagé *avec* lui (*avec*, préposition).

Citez quelques-unes des prépositions les plus usitées.

143. — Prépositions : *A, de, en, chez ; — parmi, sur, sous, vers ; — avant, entre, dès, depuis, avec, pendant, selon ; — sans, excepté ; — contre, malgré ; — envers, pour, par.*

Qu'appelle-t-on locutions prépositives ?

144. — On appelle *locutions prépositives* des assemblages de mots jouant le même rôle que la préposition, — tels que : *à l'égard de, en faveur de, quant à, jusqu'à.*

LA CONJONCTION.

Quarante-troisième Leçon.

Qu'est-ce que la conjonction ?

145. — La **conjonction** est un mot

Comment se nomme le mot invariable qui se met avant un nom ou un pronom pour marquer son rapport avec le mot qui précède ? (142).
Comment s'appellent les assemblages de mots qui jouent le même rôle que la préposition ? (144).
Comment se nomme le mot invariable qui sert généralement à unir un membre de phrase à un autre ? (145).

— 48 —

invariable qui sert généralement à *lier* un membre de phrase à un autre.

EXEMPLES :

Tu parviendras, *si* tu es laborieux (*si*, conjonction).

J'irai à la chasse, *quand* je serai grand (*quand*, conjonction).

Partons, *car* la nuit approche (*car*, conjonction).

Citez quelques-unes des conjonctions les plus usitées?

146. — Conjonctions : *et, ni, que; — mais, néanmoins, cependant; — ou, soit; — quoique, comme; — or, donc, ainsi; — car, si, puisque.*

Qu'appelle-t-on locutions conjonctives?

147. — On appelle *locutions conjonctives* des assemblages de mots jouant le même rôle que la conjonction, — tels que : *parce que, ainsi que, afin que, pourvu que, de plus.*

L'INTERJECTION.

Qu'est ce que l'interjection?

148. — **L'interjection** est un mot invariable qui sert à exprimer un *sentiment* vif et subit, comme une *joie* ou une *douleur* vive et subite.

Citez les principales interjections?

149. — Interjections : *Ah !* (marque la joie); — *aïe, hélas ! ouf !* (marque la douleur); — *ha ! hé !* (marque la crainte); — *fi ! fi donc !* (marque l'aversion); — *oh !* (marque l'admiration); — *allons ! courage !* (marque l'encouragement); — *holà ! hé !* (servent pour appeler); — *chut ! paix !* (servent pour imposer silence).

Comment se nomment les assemblages de mots qui jouent le même rôle que la conjonction? (147).

Comment s'appelle le mot invariable qui exprime un sentiment vif et subit? (148).

APPENDICE.

Du Complément. — Diverses remarques.

Quarante-quatrième Leçon.

Qu'appelle-t-on complément ?

150. — On appelle *complément* tout mot qui, dans une phrase, complète l'idée exprimée par un autre mot.

EXEMPLES :

Un pantalon de *drap* (*drap*, complément de *pantalon*).
Être content de son *sort* (*sort*, complément de *content*).
Je finis mon *devoir* (*devoir*, complément de *finis*).

Combien y a-t-il de sortes de compléments ?

151. — Il y a *deux* sortes de compléments : le complément *direct* et le complément *indirect*.

Qu'est-ce que le complément direct ?

152. — Le complément *direct* est celui qui répond à la question **qui** (pour les personnes), **quoi** (pour les choses).

EXEMPLES :

Tu chéris ta *mère* : Tu chéris **qui** ? Réponse : ta *mère* (complément direct de *chéris*).
Il taillait sa *plume* : Il taillait **quoi** ? Réponse : sa *plume* (complément direct de *taillait*).

Qu'est-ce que le complément indirect ?

153. — Le complément *indirect* répond à l'une des questions *à* **qui**, *de* **qui**, *pour* **qui**, *avec* **qui**.... (pour les personnes) : *à* **quoi**, *de* **quoi**, *pour* **quoi**, *avec* **quoi**.... (pour les choses), — selon

---

Comment se nomme le mot qui, dans une phrase, complète l'idée exprimée par un autre mot ? (150).
Comment se nomme le complément qui répond à la question *qui* pour les personnes, — *quoi* pour les choses ? (152).
Comment se nomme le complément qui répond à l'une des questions *à qui*, *de qui*, *avec qui*, etc. pour les personnes, — *à quoi*, *de quoi*, *avec quoi*, etc. pour les choses ? (153).

— 50 —
la préposition qui est placée avant le mot (complément).

EXEMPLES :

J'ai parlé à *Pierre* : J'ai parlé *à qui*? Réponse : à *Pierre* (complément indirect de *ai parlé*).

Il est tombé dans *l'eau* : Il est tombé *dans quoi*? Réponse : dans *l'eau* (complément indirect de *est tombé*).

Quarante-cinquième Leçon.

<small>Quelle espèce de complément sont susceptibles d'avoir les noms, les adjectifs, les pronoms, les participes passés ?</small>

154. — Les *noms*, les *adjectifs*, les *pronoms*, les *participes passés* ne peuvent avoir que des compléments *indirects*, — précédés ordinairement de l'une des prépositions *à*, *de*.

EXEMPLES :

Le pied *de* la table (*table*, complément indirect du nom *pied*).

Paul est utile *à* ses parents (*parents*, complément indirect de l'adjectif *utile*).

Celui *de* mon frère (*frère*, complément indirect du pronom *celui*).

Une salle remplie *de* personnes (*personnes*, complément indirect du participe passé *remplie*).

<small>Quelle espèce de complément a toujours le verbe actif ?</small>

155. — Le verbe *actif* a toujours un complément *direct* ; mais il peut avoir en même temps un complément *indirect*.

EXEMPLE :

J'ai pris le *café* avec mon *oncle* (*café*, complément direct du verbe actif *ai pris*, — *oncle*, complément indirect du verbe actif *ai pris*).

<small>Quelle espèce de complément peut avoir le verbe pronominal ?</small>

156. — Le verbe *pronominal* peut avoir un complément *direct* et un complément *indirect* à la fois.

EXEMPLE :

Je *me* corrigerai de ce *défaut* (*me*, pour *moi*,

<small>Quand le nom, l'adjectif, le pronom et le participe passé ont un complément, c'est un complément....? (154).
Le verbe actif a toujours un complément...? (155).
Le verbe actif ne peut-il pas avoir en même temps un complément,....? (155).
Citez un exemple.
Le verbe pronominal peut avoir un complément....., et en même temps un complément.....? (156).</small>

— 51 —

complément direct du verbe pronominal *corrigerai*, — *défaut*, complément indirect du verbe pronominal *corrigerai*).

Quelle espèce de complément peuvent avoir le verbe neutre, le verbe passif, le verbe unipersonnel?

157. — Le verbe *neutre*, le verbe *passif* et le verbe *unipersonnel* ne peuvent avoir que des compléments *indirects*.

EXEMPLES :

Adèle monta sur la *table* (*table*, complément indirect du verbe neutre *monta*).
Il a été battu par son *camarade* (*camarade*, complément indirect du verbe passif *a été battu*).
Il a plu pendant deux *heures* (*heures*, complément indirect du verbe unipersonnel *a plu*).

Quarante-sixième Leçon.

Qu'y a-t-il à remarquer à l'égard des noms terminés par au, au singulier?

158. — Le plus grand nombre des noms terminés par *au*, au singulier, comme *couteau, bateau, tonneau*, prennent un *e* (muet) avant le son *au*, et conserve cet *e* (muet) au pluriel : des *couteaux*, des *bateaux*, des *tonneaux* ; — tandis que aucun des noms terminés par *aux*, au pluriel, venant d'un singulier en *al*, ne prend d'*e* (muet) avant le son *au* : des *chevaux*, des *caporaux*, des *hôpitaux*.

Qu'y a-t-il à remarquer à l'égard des mots le, la, les?

159. — Les mots *le, la, les*, quand ils sont placés devant un nom ou un adjectif, sont *articles* ; mais ils deviennent *pronoms personnels*, lorsqu'ils accompagnent un verbe : Je *les* vois, demande-*la*, nous *le* prions.

Quel rôle jouent le, la, les, pronoms personnels?

160. — *Le, la, les*, pronoms personnels, sont toujours compléments *directs* du verbe qu'ils accompagnent.

Le verbe neutre, le verbe passif et le verbe unipersonnel ne peuvent avoir que des compléments.....? (157).
Comment écrivez-vous le mot *bateau*, etc.?
Pourquoi faut-il un *e* avant le son *au*? (parce qu'on ne dit pas un *batal*) (158).
Comment écrivez-vous *chevaux*, etc.?
Pourquoi ne met-on pas d'*e* muet avant le son *aux* dans *les chevaux*, etc.? (parce qu'on dit le cheval) (158).
Que sont *le, la, les*, quand il y a un nom après? (159).
Que sont *le, la, les*, quand ils accompagnent un verbe? (159).
Quel rôle jouent-ils alors? (160).

Qu'y a-t-il à remarquer à l'égard des adjectifs terminés par *eux*?	**161.** — Les adjectifs terminés par *eux* (excepté l'adjectif *bleu*) se terminent par *x* au singulier comme au pluriel : l'élève *laborieux*, les élèves *laborieux*.
Qu'y a-t-il à remarquer à l'égard des adjectifs terminés par *al*?	**162.** — Aucun des adjectifs terminés par *al* ne double la dernière consonne au féminin : *égal, égale*; — *national, nationale*; — *principal, principale*.
Qu'y a-t-il à remarquer à l'égard du mot *ce*?	**163.** — *Ce* est *adjectif* démonstratif, quand il y a un nom après : *ce* crayon, *ce* fardeau. *Ce* est, au contraire, *pronom* démonstratif, quand il y a après le verbe *être* ou l'un des pronoms relatifs *qui, que, dont*: *ce* sont, *ce* qui, *ce* que, *ce* dont.

Quarante-septième Leçon.

Qu'y a-t-il à remarquer à l'égard des mots *notre votre*?	**164.** — *Notre, votre* prennent un accent circonflexe sur l'*o*, seulement quand ils sont précédés de l'un des articles *le, la, les*, — (c'est-à-dire quand ils sont pronoms possessifs) : le *nôtre*, le *vôtre*, — les *nôtres*, les *vôtres*.
Qu'y a-t-il à remarquer à l'égard du mot *en*?	**165.** — *En* est *préposition*, quand il est suivi d'un nom ou d'un participe présent : *En* France, *en* peine, *en* attendant. *En* est *pronom* personnel, quand il accompagne un verbe, et il est toujours complément indirect, car il est mis pour *de cela* : J'*en* parle, c'est-à-dire je parle *de cela*.

Les adjectifs terminés par *eux*, comme *heureux, affreux*, prennent au singulier comme au pluriel, un....? (161).
Les adjectifs terminés par *al*, comme *original, moral*, doublent-ils la consonne *l*, au féminin? (162).
Quelle espèce de mot est *ce*, quand il y a un nom après? (163).
Quelle espèce de mot est *ce*, quand il est suivi du verbe être ou d'un pronom relatif? (163).
Qu'y a-t-il à remarquer à l'égard des mots *notre, votre*, précédés de l'un des articles *le, la, les*? (164).
Le mot *en* est préposition, quand...? (165).
Le mot *en* est pronom personnel quand....? (165).

166. — *Que* est pronom relatif ou conjonction. Il est *pronom relatif*, quand il peut être remplacé par l'un des mots *lequel, lesquels, laquelle, lesquelles*, — et, dans ce cas, il est toujours complément direct d'un verbe qui vient après. Autrement *que* est conjonction.

167. — *Qui* (pronom relatif) est toujours *sujet* (1), *dont* (pronom relatif) est toujours *complément indirect*.

168. — *Leur*, suivi immédiatement d'un verbe, ne prend jamais la marque du pluriel : Je les ai vus, je *leur* ai parlé.

169. — Tous les verbes *actifs* prennent l'auxiliaire *avoir* : J'*ai* demandé.

Tous les verbes *passifs* prennent l'auxiliaire *être* : Je *suis* consolé.

Parmi les verbes *neutres*, les uns prennent l'auxiliaire *avoir* : J'*ai* marché; — les autres prennent l'auxiliaire *être* : je *suis* tombé.

Les verbes *pronominaux* prennent l'auxiliaire *être*, qui toutefois y est employé pour l'auxiliaire *avoir* : Je me *suis* trompé, c'est-à-dire j'*ai* trompé moi.

Parmi les verbes *unipersonnels*, les uns prennent l'auxiliaire *avoir* : Il *a* tonné; — les autres prennent l'auxiliaire *être* : Il *est* résulté.

(1) A moins qu'il ne soit précédé d'une préposition, et alors il est toujours complément indirect.

Que est pronom relatif, quand….? et dans ce cas il est toujours….? (166).
Quelle espèce de mot est *que*, lorsqu'il ne peut pas être remplacé par *lequel, lesquels, laquelle ou lesquelles* ? (166).
Le mot *qui* est toujours…..? (167).
Dont est toujours complément….? (167).
Leur, suivi immédiatement d'un verbe, ne prend jamais….? (168).
L'auxiliaire *avoir*, aide à conjuguer tous les verbes….? (169).
L'auxiliaire *être*, aide à conjuguer tous les verbes…..? (169).
Les verbes neutres prennent-ils tous le même auxiliaire? (169).
Les verbes unipersonnels prennent-ils tous le même auxiliaire? (169).
Quel auxiliaire prennent les verbes pronominaux? (169).
Mais l'auxiliaire *être* dans les verbes pronominaux est employé pour…..?

Qu'y a-t-il à remarquer à l'égard du mot *ou* ?	**170.** — *Ou*, quand il est *adverbe*, prend un accent grave sur l'*u* : *Où* ; — quand il est *conjonction*, il ne prend pas d'accent. On reconnaît que *ou* est conjonction, quand on peut le remplacer par *ou bien*.

Quelle espèce de mot est *ou*, quand on peut le remplacer par *ou bien* ? (170).
Quelle espèce de mot est *ou*, quand on ne peut pas le remplacer par *ou bien* ? Et alors quelle marque distinctive prend-il ?

FIN.

Saint-Maixent, Imp. REVERSÉ.

www.ingramcontent.com/pod-product-compliance
Lightning Source LLC
LaVergne TN
LVHW020047090426
835510LV00040B/1451